AF331384

LES SPÉCULATEURS

ET LA

MUTILATION DU LUXEMBOURG

ALCIDE DUSOLIER

PARIS

LIBRAIRIE DU LUXEMBOURG

10, RUE DE TOURNON, 10.

1866

[illegible]

[illegible]

[illegible]

[illegible]

LA SPÉCULATION

ET

LE LUXEMBOURG

En 1861, si je ne me trompe, il courut qu'on allait combler la *Pépinière* pour y bâtir l'École Polytechnique, évidemment déplacée dans un quartier populaire, ou quelqu'une de ces casernes qui, elles, ne sont déplacées nulle part. Ce fut un étonnement triste parmi nous tous;— nous ne pouvions croire à ce nouvel embellissement. Le bruit, pourtant, s'en répandait chaque jour davantage, si bien que le sénateur-préfet Haussmann jugea bon de protester, en séance générale, de son respect absolu pour la Pépinière : jamais son administration n'y toucherait ! On ne nous ferait pas tort d'un seul lilas, d'un seul rosier ! C'était là une pure invention de la malveillance... Je ne sais pas si M. Limayrac ne profita point de cette occasion pour signaler les « anciens partis » à l'indignation du public.

Déclaration qui nous ravit.

Mais, pour être ami de la Nature, M. Haussmann n'en est pas moins préfet à immoler ses sympathies sylvestres aux sollicitations de l'intérêt général, qui prime justement les préférences des particuliers. *Vox populi, vox Dei*, c'est la devise de l'Empire, un préfet ne peut l'oublier.

Or, d'une ENQUÊTE faite par une commission de très-hauts fonctionnaires il résulte que ces mêmes quartiers qui, naguère encore, voyaient avec désolation la Pépinière menacée, réclament aujourd'hui un boulevard qui supprime la Pépinière, réduit de sept dixièmes la Grande-Allée, de moitié l'Esplanade-Fleurus, et emporte le bosquet de l'Orangerie.

C'est du moins ce qu'atteste la commission d'enquête.

*
* *

Comment a-t-on fait l'enquête? direz-vous. Comment a-t-on recueilli les vœux de la rive gauche? Est-on allé consulter chaque habitant à domicile? Nous a-t-on convoqués en un vaste comice, au Champ de Mars ou dans le Luxembourg même?

Non. Mais on a fait l'enquête.

A défaut des habitants interrogés directement, la Commission a-t-elle au moins consulté leurs mandataires naturels, leurs mandataires autorisés, ceux qui sont présumés connaître leurs désirs et leurs besoins? Est-ce sur l'avis conforme de MM. Pelletan, Jules Favre, Carnot, Garnier-Pagès, Picard, Thiers, J. Simon, Havin, Guéroult, que le décret a paru?

Non, puisque ces messieurs ont réclamé publiquement contre cette MUTILATION. Mais on a fait l'enquête!

Et il est certain que nous demandons à cor et à cris un boulevard à travers le Luxembourg. Le *Constitu-*

tionnel donne même, dans son numéro du 11 courant, une lettre « d'habitants notables » du quartier, que le décret met aux anges. Le *Constitutionnel*, il est vrai, oublie de publier, au bas de la pétition, les signatures de ces habitants notables ; et, sommé par la presse parisienne de les produire, il se renferme obstinément dans ce majestueux silence qui est une force !

Je trouve même ce silence « éloquent » dans la circonstance.

Mais qu'importe ? M. Boniface n'a-t-il pas démontré l'urgence du décret, en laissant entendre combien il était révoltant que la rue de Fleurus ne pût aller voir la rue l'Abbé-de-l'Épée sans faire un détour d'au moins cent mètres, — lorsque les rues de la rive droite communiquent si directement entre elles ? Le grand principe de l'Égalité souffre évidemment de ce détour de cent mètres.

** * **

La considération est puissante, j'en conviens, mais ne suffit peut-être pas à justifier une pareille mesure.

Quoi ! Paris a cette joie de posséder un jardin unique au monde par sa beauté, son étendue et la variété de sa flore ; un parc aux lignes harmonieuses, aux vastes perspectives, où l'art et la nature se marient pour l'enchantement des yeux et de l'esprit ; — une forêt d'arbres, de fleurs, de statues, qui est la parure et la santé de la rive gauche, qui en est aussi la richesse (je le prouverai tout à l'heure) ; — qui remplace, pour tant de milliers de personnes aux petites fortunes, la *campagne* désirée, mais interdite à leur médiocrité... Et vous allez détruire une merveille si utile ! Vous allez faire de ces marronniers centenaires autant de poteaux nus où vous suspendrez l'écriteau : *Terrain à vendre !* Et cela, après je ne sais quelle enquête, — une enquête dont nous n'avons entendu parler qu'au moment où vous avez déclaré qu'elle était faite ; une enquête que nous ne connaissons pas, dont vous ne nous livrez pas les éléments...

Non ; une pareille chose est impossible !

*
* *

Eh ! mon Dieu, si cette *amélioration* est si vivement réclamée, le gouvernement avait un moyen bien simple de couper court à toute protestation : c'était d'ouvrir dans chaque mairie de la rive gauche un registre où les intéressés seraient venus, dans un délai de..., écrire leur Oui ou leur Non. Puis, on aurait compté !

Voilà l'enquête libérale par excellence, claire pour tous les esprits, — la seule probante dans une affaire de cette gravité, — contre laquelle se brisent misérablement toutes les protestations, et qui avait pour le Pouvoir cet avantage, inappréciable pour tout Pouvoir, de le mettre à couvert et de ne pas engager sa responsabilité.

Je ne conçois pas que, lorsque l'importance des intérêts en jeu l'y convie si naturellement, un gouvernement ne préfère pas les plébiscites aux décrets, — surtout un gouvernement de suffrage universel.

Qu'a-t-il à redouter, — et particulièrement dans l'espèce actuelle, puisque M. Boniface affirme la popularité du projet ?

*
**

Eh bien! à l'enquête *certifiée* par M. Boniface, mais qu'on ne nous a pas mis à même d'apprécier, à cette enquête respectable, mais obscure, nous allons répondre par un *état* de la population intéressée, et nous verrons si M. Boniface mérite créance.

Il ne s'agit ici, bien entendu, et du propre aveu de nos adversaires, que des quartiers avoisinant le Luxembourg : le décret les regarde seuls... à moins que les millionnaires de la Chaussée-d'Antin ne gémissent, eux aussi, de ne pouvoir aller — en ligne droite — visiter les petits rentiers de la rue l'Abbé-de-l'Épée. Mais M. Boniface ne souffle mot de cette contrariété. Il l'aurait mentionnée que nous refuserions de croire à la fièvre subite qui aurait pris tout Paris d'entrer en relation *directe* avec cette brave rue.

Je dirai plus. Une chose incontestable, même pour M. Boniface, c'est que les Parisiens d'au delà les ponts, qui viennent au Luxembourg uniquement pour le Luxembourg, qui se plaisent à oublier sous les marronniers de cette calme promenade le fracas des Champs-Élysées, ont tout à perdre à l'exécution du décret.

Je m'en tiens donc à la population *riveraine* du Luxembourg, et je vais rechercher avec un cœur pur lesquels de ses habitants, « notables » ou non, aspirent au boulevard régénérateur.

*
* *

Quelle catégorie d'individus habite les environs du Luxembourg?

Des rentiers à petite fortune,

Des employés retirés,

La portion laborieuse des Écoles,

Des professeurs,

Des savants,

Des écrivains,

Des artistes,

Des valétudinaires,

Toutes personnes qui, par intérêt, par goût ou par raison, fuient le bruit et l'intérieur malsain de Paris.

Quant à la population proprement *commerçante* de ces quartiers, le décret la ruine fatalement en rejetant au loin les habitants qu'elle fournit, — et dont elle vit; car ils émigreront, pour deux motifs : 1° parce que votre boulevard supprime juste ce qui les fixait aux abords du Luxembourg; 2° parce qu'il fait monter les loyers à des prix en disproportion avec leurs ressources.

Les ateliers des peintres et des statuaires (et tout le monde sait qu'une bonne moitié de la population artiste de Paris demeure là) recevront particulièrement le contre-coup de la cherté que vous introduisez dans le quartier. Le même atelier, qui revient ici à mille francs par an, coûte quinze cents francs partout ailleurs : il coûtera désormais, ici comme ailleurs, quinze cents francs.

Ainsi pour les autres logements.

Après avoir blessé les habitants dans leurs affections,

les avoir atteints dans leur repos et leur santé, vous les frappez dans leurs intérêts matériels. Ils méritent pourtant quelques égards, ces hommes, écrivains, artistes, savants, qui sont l'honneur de Paris ; ils méritent d'être entendus, lorsqu'ils vous prient de les laisser tranquilles et de faire vos monuments ailleurs !

Ces arbres, ces ombrages qu'ils recherchent, cette *nature* qu'ils aiment, cette solitude dont ils s'entourent jalousement, est bonne et saine aux ouvriers intellectuels. L'éclosion des nobles pensées s'accomplit mieux loin de la foule et de ces boulevards, féconds surtout en cancans de coulisses, en *revues* ineptes, en romans de filles !

L'idée, vous ne l'ignorez pas, est étrangement influencée par le milieu physique où elle naît, mûrit — et s'exprime. Si les peuples ont leurs littératures, — les quartiers ont leurs littérateurs. Un de mes amis disait récemment à un aimable journaliste de beaucoup d'esprit, mais de beaucoup de frivolité : « Pour écrire un livre, un vrai livre, vous avez besoin de *faire* deux ans de Luxembourg. » Et c'était là une parole sérieuse.

Au risque d'amener un sourire sur les lèvres superbes des hommes positifs, moi, je dirai aux partisans du décret: Prenez garde, en touchant au Luxembourg, d'atteindre étourdiment la moralité des œuvres futures. Si vous êtes sans pitié pour les affections et le bien-être d'une population d'élite, ayez égard du moins à la santé morale de la France.

*
* *

Le Luxembourg n'est pas seul menacé. Sans doute on ne se contentera point de ce morceau de roi. Est-ce que les démolitions n'appellent pas les démolitions? Ne savons-nous pas d'avance (nous sommes bien payés, ou plutôt nous avons bien payé pour le savoir) que votre boulevard aux façades ornées, aux balcons dorés, aux magasins somptueux, ne souffrira pas longtemps le voisinage de ces rues modestes : Montparnasse, Fleurus, Ouest, Notre-Dame-des-Champs, Carnot, Bréa, Vavin, etc., etc. . ? La spéculation ne se lasse point. Notre jardin commun, le Luxembourg, à peine mutilé, nous la verrons distribuer ses maçons dans ces innombrables jardins particuliers qui font de chaque maison une villa fraîche et douce, où se plaisent les enfants et les penseurs.

Enfants, artistes, écrivains, on les chassera de leur dernier arbre.

*
* *

« Mais, s'écrie-t-on, le décret ne détruit pas le Luxembourg, il le réduit seulement, il ne lui prend que 10 hectares ENVIRON sur 34. Vos lamentations sont fort exagérées... »

Vraiment? Permettez-moi de vous dire, messieurs les arpenteurs, que vous *mesurez* les yeux fermés. Quand même vous n'auriez pas imprudemment lâché cet « ENVIRON, » gros de mutilations nouvelles; quand même vous ne préléveriez matériellement que 10 hectares (1) sur le Luxembourg, croyez-vous, en toute franchise, ne lui faire tort que de cela ? Êtes-vous simples au point de ne pas comprendre que la beauté des lignes, le grandiose des perspectives sont sacrifiés, et que l'ensemble harmonieux du jardin est atteint mortellement ?

La jolie façon de présenter les choses !

« Les *Noces de Cana* ont trente personnages. Nous en supprimons dix. Le tableau est diminué, voilà tout. »

Erreur, messieurs, le tableau n'existe plus.

Le Luxembourg réduit, c'est le Luxembourg détruit, vous ne l'ignorez point. Vous aurez beau nous railler et nous avertir que nous ne sommes pas *pratiques*; l'ironique gérant Boniface aura beau nous jeter cette suprême injure : « Vous êtes des poètes et des rêveurs, qui n'entendez rien à la grande voirie, » nous n'aurons pas la naïveté de vous répondre en vous traitant de Philistins. Vous savez très-bien ce que vous faites — et ce que vous défaites. — On parle d'*améliorer* le quartier du Luxembourg ; or, en mettant une partie du jardin à la disposition du ministre des finances, le décret ne semble-t-il pas avoir eu surtout en vue de trouver une ressource financière dans la vente des terrains ? Le ministre des finances est derrière la Mesure ; bien plus que le ministre des travaux publics ou le préfet de la Seine.

N'était la raison d'argent, le décret ne se contenterait-

(1) Une brochure dithyrambique en l'honneur du décret, signée de M. Dubarreau, gascon pétulant, avoue *douze* hectares... Nous saisissons l'occasion de recommander cet écrit très-sérieux aux amis de la gaieté française : on y voit que nos squares sont « des jardins d'Armide » et la la l'épinière — « UN TROU. »

il pas, — au lieu de livrer le Luxembourg aux bâtisseurs, d'ouvrir à travers le jardin une chaussée bordée de grilles légères, qui, sans nuire à l'harmonie et abolir brutalement la perspective, établirait toutes les communications désirables ?

Une ressource extraordinaire est-elle donc si nécessaire ?

Mais nous avons lu le rapport, tout récent, où M. Fould annonce que le budget, qui penchait un peu trop vers les dépenses, a retrouvé son équilibre, — et qu'on peut même inaugurer le fonctionnement effectif de l'Amortissement. Nos finances, assure-t-il, entrent décidément en convalescence; mieux, elles prospèrent. Je le crois, et j'en suis fort aise. Mais comment, après une semblable déclaration, prendrait-on une mesure, justifiable tout au plus dans une de ces crises suprêmes où, le Trésor exténué, il faut faire argent de tout bois, même des bois de l'État, où l'on n'a ni le temps ni le choix des moyens..., où les citoyens versent spontanément leurs couverts de famille à la caisse de la patrie, et les femmes leurs bijoux ?

Heureusement la France n'en est pas à cette extrémité déplorable que Paris doive faire don au Trésor de cette magnifique parure : le Luxembourg.

Des circonstances pénibles se présenteraient, que de *sacrifices* populaires à faire auparavant! Le premier serait une réduction sérieuse, radicale de l'armée, — si peu réduite par le décret de novembre. Quelques officiers pousseraient d'abord les hauts cris, mais on leur offrirait de justes compensations... Quant à la masse de nos soldats, ouvriers et paysans, quelle joie pour eux, et quel profit pour le travail national !

Ce n'est pas en multipliant les cafés princiers et les magasins de luxe, ce n'est pas en peuplant de boutiques le jardin du Luxembourg, qu'on enrichira la France. Prospérité artificielle, cela, prospérité d'apparat et de théâtre. Dix paysans courbés sur la lande qu'ils défrichent valent mieux au pays que dix cafetiers nouveaux.

Réduisez, réduisez l'armée. Double profit : le budget nous devient plus léger, et la *production* augmente; nous payons moins et nous récoltons davantage.

*
* *

Encore un mot.

Nous pouvons, je le sais, pétitionner, en appeler du Gouvernement au Sénat. Nous le pouvons, et n'aurons garde d'y manquer. Mais réclamer contre une mesure officielle équivaut-il à répondre lorsqu'on est consulté, c'est-à-dire dans la plénitude de son indépendance? Combien de personnes, intimidées à tort, de bonnes gens qui, interrogées au préalable, auraient donné leur adhésion à l'intégralité du Luxembourg, n'oseront plus la donner, parce que ce serait la donner CONTRE un décret! N'ai-je pas vu des membres du Corps législatif, et certes fort honnêtes, voter des projets de loi qui, par eux-mêmes, n'avaient pas leur approbation, de peur — en les rejetant — de faire échec au Pouvoir? De deux inconvénients ils choisissaient le moindre, disaient-ils...

Et puis, qu'est-ce qui nous assure que nos pétitions seront discutées en temps utile? Les mesures administratives ne devanceront-elles pas cette discussion? Car, ne l'oublions pas, si M. Fould ne peut *aliéner* les terrains sans l'autorisation de la Chambre, l'administration peut, et très-légalement, en vertu du seul décret, répandre dès aujourd'hui ses bûcherons à travers le Luxembourg. Or il serait tout simplement insensé au Corps législatif de refuser à M. Fould de tirer profit d'un terrain qui, dépouillé, mis à nu, n'aurait plus qu'une valeur marchande. L'exécution du décret entraînerait naturellement un vote conforme de la Chambre. Faire la distinction ne serait pas sérieux.

Nous avons d'ailleurs toute confiance dans la déférence du Pouvoir pour la liberté législative; nous espérons fermement que l'exécution du décret ne devancera pas la décision de nos députés. Et même, s'il faut dire toute notre pensée, nous croyons que, cette décision, le gouvernement ne la provoquera pas, qu'il retirera son décret. Le Luxembourg restera ce qu'il est.

*
* *

Ah ! si, par malheur, nous nous trompions, — et si les rassemblements de plus de cent mille personnes n'étaient rigoureusement interdits, — le jour où le premier bûcheron donnerait le premier coup de hache, on verrait une immense protestation pacifique s'élever dans le Luxembourg. Vieillards, femmes, jeunes gens, ouvriers, artistes, écrivains, bourgeois, tous seraient là ! Chaque arbre, chaque touffe de fleurs aurait cent témoins pour un, cent témoins attendris et suppliants... et M. Boniface lui-même, à ce spectacle, sentirait s'émouvoir ses entrailles semi-officielles.

Mais la protestation est déjà faite, nos pétitions suffisent; le gouvernement ne voudra pas mettre à exécution une mesure « dont saignerait éternellement le cœur de Paris, et que rien ne pourrait racheter, que rien ne ferait oublier, quand même on nous donnerait une ville de marbre et d'or... Oui, pendant vingt ans encore on transformerait Paris de fond en comble, de manière à conquérir l'admiration de la postérité, que la mutilation du Luxembourg pèserait plus que tout le reste dans la balance (1). »

(1) Victor Fournel, Correspondant.

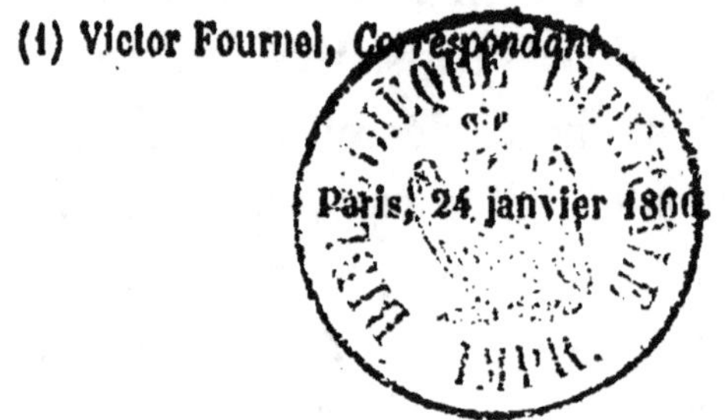

Paris, 24 janvier 1866.

Corb. — Typ. Crété, rue du Pont Saint-Pierre, 11.